Corazón
con-ciencia

No te dejes para después

Corazón con-ciencia

© Del texto: Gema Horcajada
© De la ilustración de la portada: Sarai Llamas
© De esta edición: NPQ Editores
www.npqeditores.com
edicion@npqeditores.com

Primera edición: mayo, 2024
Impreso en España

PEFC

Los papeles que usamos son ecológicos, libres de cloro y proceden de bosques gestionados de manera eficiente.

ISBN: 978-84-19924-73-5
Depósito legal: V-1745-2024

Corazón con-ciencia

No te dejes para después

GEMA HORCAJADA

A mis padres, Manuel y Helga, por su amor y sacrificio, por darnos siempre lo mejor que pudieron y supieron. A ti, papá, que a pesar de todo siempre estuviste ahí. A ti, mamá, por tu eterna sonrisa y por tu lucha diaria.

A José Manuel, Cris y Bea por enfrentarnos a las adversidades desde el apoyo y el cariño inmenso de hermanos. Por todos los momentos compartidos de llanto y risas.

A mis Danis (mi marido y mi hijo) por llenar de luz y amor incondicional nuestros días. Por ser aliento y hasta el aire que respiro.

Prólogo

La obra que tienes en tus manos es una genialidad de Gema Horcajada. Presenta de forma novelada su método de autoayuda denominado Método Heart, lleno de herramientas prácticas tremendamente útiles para restaurar nuestro corazón roto. Con una fantástica habilidad creativa, emplea la historia de su propia vida para darle sentido práctico a un itinerario consecutivo de cinco autogestiones. Estas fluyen en cascada desde el momento de la aceptación de la fractura causada por las heridas del pasado al tomar conciencia de uno mismo hasta la reconstrucción completa a través del autocuidado. Todo sin olvidar en el proceso la autoaceptación, la autorregulación y la confianza propia.

Con su especial sensibilidad, ha logrado mantener mi atención de principio a fin a través de una lectura fresca y emotiva, pero a la vez con base científica. Se trata de una obra que es, por una parte, novela experiencial y por otra, generosa contribución. Agua fresca para corazones sedientos de soluciones realistas para el sufrimiento humano.

Nos habla de comunicación, diálogo interior, empatía y comprensión. Presenta la importancia de la adaptabilidad y la flexibilidad, pero lo que más sorprende es su análisis diferenciador entre ser conscientes y tomar conciencia.

Como profesora de yoga oncológico y experta en *mindfulness*, provoca momentos de reflexión profunda que no dejan indiferente al lector. Se trata de una lectura reparadora que eleva el alma e invita a tomar conciencia de los cambios que son necesarios para la transformación positiva.

Gracias, Gema, por este regalo para la humanidad, por tu generosidad al compartir tu esencia, tu herida y tu reparación. Pero, sobre todo, gracias por enseñarnos el camino para lograrlo nosotros también.

José Manuel Martínez,
coach

Introducción

La comunicación es crucial para poder enfrentar con éxito una crisis. La falta de comunicación efectiva puede contribuir a malentendidos y dificultades. Los roles que cada uno desempeñamos en la vida y las expectativas asociadas a estos afectan la manera en que enfrentamos y superamos los desafíos. La clarificación de roles y expectativas, así como nuestra capacidad adaptativa, contribuye a una mejor gestión de la crisis del cambio. Es imprescindible identificar y movilizar las redes de apoyo disponibles que están a nuestro alcance; estas incluyen: amigos, familiares, colegas y otros recursos comunitarios. Fortalecer las conexiones positivas es un excelente amortiguador emocional. La empatía y la comprensión son elementos fundamentales para ello. Entender las experiencias y perspectivas de los demás promueve la solidaridad y la colaboración. La adaptabilidad y la flexibilidad nos permiten ajustarnos a nuevas circunstancias y esto aumenta nuestra probabilidad de superar los retos. La flexibilidad en la toma de decisiones y la disposición a cambiar estrategias cuando sea necesario son elementos clave en este contexto. La colaboración activa y la participación de todos los miembros en la búsqueda de soluciones hace de la comunidad un sistema altamente efectivo. Considerar la situación a la que nos estamos enfrentando desde diferentes ángulos y buscar nuevas estrategias cambia nuestra manera de ver la crisis.

Nuestro caos interno o grado de desorden afecta a cómo funcionamos y a cómo nos comportamos. Por ello, es imprescindible disponer de herramientas que nos permitan reducir nuestros niveles de entropía.

El clima integrativo en la comunidad exige una atmósfera que nos resulte inclusiva en la que nadie se quede atrás, que potencie las características y experiencias entre todos nosotros, basada en el principio de equidad. Sin embargo, debe dejar espacio para la diversidad y favorecer el reconocimiento y la valoración de todos. Este entorno inclusivo requiere concienciación e igualdad de oportunidades. También liderazgo, tanto interno como externo; porque quien no lidera su mundo interior no puede liderar su entorno. Desde esta perspectiva podemos crear alianzas y colaboraciones inclusivas que potencien la pluralidad.

Este trabajo de colaboración puede verse afectado por los ciclos vitales de cada uno, por la escasez de recursos o por la falta de elementos facilitadores. Sin embargo, la solución soy yo mismo, nos corresponde a cada uno de nosotros individualmente hallarla a través del trabajo en equipo, promoviendo la interacción positiva y proporcionando un espacio donde construyamos soluciones que beneficien a todos. Se trata de crear un ambiente emocional positivo en el que todos nos sintamos valorados y respaldados. Reajustar nuestras expectativas es muy valioso para lograr adaptarnos a circunstancias cambiantes manteniendo una perspectiva realista.

En este libro autobiográfico novelado y de divulgación científica no pretendo profundizar en los fundamentos biológicos de la personalidad, pero es muy importante que comprendamos las reacciones químicas que se producen en nuestro interior. Los aspectos de nuestra personalidad siempre están influenciados por factores biológicos y bioquímicos que debemos tener presentes.

Nuestro organismo es una fábrica de productos químicos y al interactuar entre sí provocan una serie de reacciones que el cerebro etiquetará como positivas o negativas. Como respuesta a esto, actuará dando una serie de instrucciones al resto del cuerpo. Nuestras conductas y actitudes son el resultado de esa interacción.

La herencia genética también desempeña un papel determinante en los rasgos de la personalidad de cada uno de los miembros que componemos la comunidad. Existe una influencia genética en rasgos específicos como la extroversión, la timidez y la tendencia a experimentar emociones negativas. La expresión de los genes puede ser influenciada por factores ambientales. El temperamento es la base emocional y motivacional de la personalidad y la estructura cerebral desempeña un papel crucial en los procesos biológicos de esta. El sistema nervioso autónomo regula las funciones involuntarias del cuerpo, como la frecuencia cardíaca, la respiración, la digestión y la respuesta al estrés.

La interacción entre el sistema nervioso simpático y parasimpático influye en diversos aspectos de nuestra personalidad y de nuestro comportamiento. Por ejemplo, con nuestro sistema nervioso simpático reaccionamos al estrés con una respuesta de lucha o de huida. La actividad del sistema nervioso autónomo en personas con un sistema nervioso simpático más activo puede provocar que sean más propensas a la excitación y a la impulsividad mientras que aquellas con un sistema parasimpático más activo pueden ser más calmadas y reflexivas. La interacción entre el sistema nervioso autónomo y el sistema límbico también puede afectar las interacciones sociales.

Los patrones de sueño también tienen que ver con el sistema nervioso autónomo. Los problemas en la regulación del sueño pueden afectar el estado de ánimo, la capacidad de gestionar el estrés, incluso en la misma personalidad. Las hormonas y los neurotransmisores, por ejemplo, son dos tipos diferentes de mensajeros químicos en el cuerpo.

Las variaciones en la liberación de ciertas hormonas pueden influir en nuestra capacidad para establecer y mantener relaciones sociales.

La historia que sigue a continuación fluye a través de un itinerario de autogestión tan realista como mi propia vida. La interconexión de todas estas herramientas, objetivos y actividades aplicadas en el tiempo producirán en nosotros una transformación positiva. A este itinerario metodológicamente aplicado lo he llamado Método Heart porque tiene como finalidad restaurar nuestro corazón roto.

Capítulo 1
LA PLAYA DE LOS LOCOS

Los primeros latidos del corazón los escuchó desde el vientre de su madre, quizá no era consciente de ellos. Obligado por las circunstancias, se vio forzado a salir a un lugar frío y hostil. Unas manos fuertes sujetaron su frágil cuerpecito y, sintiéndose profundamente indefenso, no se atrevió a llorar. Un fallo médico provocó que no le llegara suficiente oxígeno al pequeño cerebro. Desde su nacimiento, su vida fue una herida constante pero inconsciente.

Su hermana esperaba como un acontecimiento emocionante su llegada a casa. Aquella niña no se imaginaba la historia que ya había comenzado. Su vida se convertiría en un largo túnel en el tiempo. Su herida había comenzado a fraguarse. Dos años más tarde vendría su segunda hermana y en cuatro años más, la tercera. Con ocho años se transformaría en una «niña madre». Tendría que tomar las riendas para enfrentar la enfermedad de su madre, los ataques epilépticos de su hermano y el miedo de todos a las adicciones de su padre. El túnel que tenía por delante era estrecho, largo y oscuro.

En un intento incesante de huida, la familia comenzó a viajar cada verano a la playa de Los Locos, pues sentían que dejaban atrás la realidad que les oprimía. Creían que así romperían las cadenas del dolor y el sufrimiento. Habían llegado a la costa huyendo de la realidad de su situación. Insistían en vivir allí, pero ella no soportaba aquella idea. Algunos días, su padre salía de casa para algo tan sencillo como conseguir leche para su hermana pequeña, pero todo se convertía en un episodio de incertidumbre. Les mantenía en vilo cada salida hasta que llegaba de nuevo a casa. En ocasiones, podían pasar hasta dos días sin saber nada de él. Esto no solo les dolía a ellas, en realidad, era algo que él mismo no sabía cómo manejar. Amaba a su esposa y a sus hijos y solo quería lo mejor para ellos, pero sus adicciones lo dominaban, eran más fuertes que su voluntad.

La familia se encontraba frente al final del viaje de aquella huida. No quedaba más tierra por recorrer. En el horizonte solo les esperaba el Mediterráneo. No había caminos, ya no encontrarían explicaciones. Ahora estaban atados al mar porque cuando volvemos a él, ya sea para navegar o mirarlo, volvemos al lugar de donde venimos.

Coral vio por primera vez el mar y sintió el singular aroma intenso del agua salada. Disfrutó de días playeros y hermosos atardeceres en el paseo marítimo construyendo castillos en la arena y tomando su dulce favorito. Sin embargo, el mar al que se enfrentaba en realidad era de sufrimiento, frustración y miedo. Era tan solo una niña jugando en la playa mientras bastos océanos de la verdad estaban a punto de ser descubiertos. La figura de su padre refugiado en la bebida formaba parte del paisaje de su vida. El dulce tenía sabor amargo. El gran mar al que se enfrentaba su familia amenazaba con desmoronarlo todo. Le iba a tocar navegar en mar abierto frente a un desafío de vida o muerte. Tendría que sostenerse o dejarse hundir. Y al surfear los problemas, acabarían siendo como castillos de arena donde el coraje y la determinación de mantenerse en pie terminarían por derrumbarlos.

Una mañana de aquel verano, mientras se bañaba, las olas la arrastraron hacia el interior y notó que se hundía. En aquel momento, comenzó a ver de forma borrosa todo lo que había a su alrededor, su miedo se convirtió en angustia y la angustia en sufrimiento. Los recuerdos de su madre sentada con ellos en la orilla de la playa querían liberarla del sentimiento de agobio inconsciente que le producía la sensación de estar ahogándose. De repente, una niña de trece años que jugaba con sus amigos en el agua se percató de lo que le estaba sucediendo y la ayudó a salir hacia la orilla.

—¡Muchas gracias por haberme salvado! —exclamó Coral—. ¿Cómo te llamas? ¿Quieres jugar conmigo?

Ella asintió con la cabeza y mientras se sentaba en la arena pronunció:

—Jade. Mi nombre es Jade.

Aquella misma tarde, paseando con sus padres, intentó reclamar su atención mientras discutían acaloradamente. Se habían olvidado de amarse a sí mismos. El cuerpo de su madre gritaba a través de una enfermedad crónica y el de su padre con la guerra de sus adicciones. El amor muere solo cuando su crecimiento para. Eran dos almas heridas luchando con su interior, habían dejado de escucharse.

Se encontró con su nueva amiga y se tomaron de la mano.

—Lo que le reclamas a tus padres solo te lo puedo dar yo —dijo Jade—. Te protegeré y cuidaré de ti.

Continuaron el paseo juntas. Al fondo, observaron un velero y comprendieron a dónde querían llegar. Tenían que encontrar el viento favorable. Eran playa sin barco, pero querían viajar a puerto seguro. Sintieron una conexión muy especial. El mar las había unido y junto a la playa les ofrecía un remanso de tranquilidad y sosiego. Decidieron arriesgarse a navegar juntas y disfrutar de las inmensas bellezas que ofrece la vida cuando resuelves no mirarla parada en la orilla.

Jade había aprendido a refugiarse en sus amigos. Y justo cuando estaba descubriendo la vida y creando apegos, sus padres le dieron la noticia de que pensaban mudarse a aquella playa. Quería ser libre, pero no quería huir. Vivir en aquel lugar sería aceptar el final de un viaje de huida. El solo hecho de imaginarlo le generaba un sentimiento de angustia. Deseaba navegar a mar abierto, enfrentar sus propias tormentas, pero en ningún caso escabullirse o ahogarse en ellas. Terminó el verano, llegó el momento de la despedida, pero Jade y Coral no se separarían nunca. Lo que uno ama en la infancia se queda en el corazón para siempre.

Habían transcurrido ya cuatro años desde que tomaran conciencia de la necesidad de permanecer juntas. Cuando Jade cumplió diecisiete años, no quería dejar atrás al resto de su familia, sus amigos, su vida. Pero, por otro lado, no soportaba la idea de seguir sufriendo y se negaba a pintar de gris los recuerdos de aquellos veranos felices. No sabía bien qué hacer, no sabía cuál sería la mejor solución. Sin embargo, había llegado el momento de encontrar su camino. Necesitaba hacer de la decisión el horizonte de su destino porque, en el fondo, el destino está escrito en nosotros mismos y en nuestras elecciones.

A los veintiún años, Jade decidió convivir con su abuela en la ciudad que la vio crecer, aferrada a sus orígenes. Este apego era la razón del sufrimiento que acarreaba. Si lograba crear vínculos de calidad no dependientes, construiría una identidad propia; sería libre. No obstante, su lazo emocional y afectivo con Coral la aferraba a sus raíces, a las primeras etapas de su vida, especialmente a su infancia. Esto influía en su desarrollo emocional. Y cuando sus padres decidieron marcharse, su apego se hizo latente buscando la proximidad emocional en los amigos y familiares que se quedaban allí.

Esto provocó en ella una experiencia de soledad, a pesar de estar acompañada por su abuela y por la niña. Pero no era consciente del proceso que se había iniciado en ella. Y aunque poco a poco comenzó a percatarse de la toxicidad de ese apego, no se atrevía a compartirlo con nadie. No era capaz de tomar conciencia. Estaba teniendo un impacto negativo cada vez más persistente en su vida, porque estaba asociado a sus necesidades de seguridad. En el fondo se sentía culpable por eliminar las relaciones tóxicas y conflictivas que había vivido con sus padres. Se esforzaba por cambiar su comportamiento en vez de tener en cuenta sus sentimientos. Ignoraba sus límites y continuaba tratándose de forma perjudicial. Aquellas relaciones estaban adheridas como bloques de cemento atados a sus tobillos. Había llegado el momento de que nadie caminara por más tiempo en su mente con los pies sucios, de que nadie alquilara un espacio en su vida sin pagar la renta. A veces es mejor poner punto final y empezar algo nuevo que quedarnos prisioneros con la esperanza de lo imposible. Había llegado la hora de viajar.

***

Aquí comienza mi historia. Aquella mañana en la estación de Santa Justa conocí al que sería el amor de mi vida. Dani, el hermano de mi amiga, despertó en mí el amor. Aunque el amor puede ser tan duradero como el apego, su intensidad y su naturaleza varían a lo largo del tiempo. Las relaciones amorosas experimentan cambios en el grado y en la forma con el paso del tiempo. Se abría ante mí una gama mucho más amplia de emociones. Mi sentimiento de soledad se transformaba en alegría, empatía y en afecto profundo.

En tan solo un mes, me había trasladado a vivir a Valencia. El amor se había convertido en la más fuerte de mis pasiones. Había conquistado todo mi ser. Se habían roto todos mis apegos y comencé a tomar conciencia de lo que ya era consciente. Mi vínculo emocional hacia mis raíces cambiaba a otra conexión sentimental totalmente diferente, llena de libertad. El amor se había convertido en algo tan bello que justificaba todas las locuras.

En pleno descubrimiento, cuando el amor estaba en su punto más álgido, Dani enfermó gravemente. Un tumor en el timo le oprimía los pulmones y el centro de sus emociones, el corazón. La imagen de Dani llorando al enfrentarse a la muerte despertó en mí la vocación de ayudar a las personas que han perdido la esperanza. Hasta ese momento, yo había tenido centrada mi atención en mí, en mi pasado, en mi vida, pero entonces mi corazón estaba unido a un corazón roto. Éramos comunidad. En realidad, la locura de mi amor no tenía cura, pero era la única cura para todos mis males.

Capítulo 2
EL ITINERARIO: *MASALA CHAI* EN *KAI PAPASAN*

Hacía pocas semanas que había terminado el confinamiento por la pandemia. Decidí viajar con mi esposo y mi hijo a los Pirineos. Allí se encuentra el largo y estrecho túnel de Vielha, comparable al túnel de los miedos de Jade. Frente a él me encontré con ella, llevaba de la mano a Coral. Estaba asustada, su rostro reflejaba angustia, parecía desorientada. Tenía las manos frías y temblorosas. Era como si hubiera visto la muerte de cerca. Sin duda, estaba huyendo.

Le pregunté qué le ocurría, la tomé de las manos y comenzamos a conversar. En ese instante, la niña comenzó a gritar angustiada:

—¡Vámonos de aquí!, tengo miedo de entrar en este túnel. ¡Estamos lejos de casa!

Miré a la joven. Tenía muchas heridas abiertas, transpiraba miedo y sensación de peligro. Las abracé. Guardamos silencio por largo rato y poco a poco se fueron calmando. La vulnerabilidad no es necesariamente un síntoma de debilidad, en realidad, Jade mostraba valentía y fortaleza. Sanar las heridas emocionales le tomaría tiempo, solo necesitaba ser paciente consigo misma. La fuerza real no reside en no tener miedo, sino en la capacidad de enfrentarlo y superarlo. Escuchar su voz interior y sentir compasión de sí misma serían los primeros pasos para sanar sus heridas emocionales. Protegerse era una necesidad vital que debía expresar a través del autocuidado y eso no tenía por qué implicar egoísmo, era imprescindible para mantener su bienestar. Permitirse sentir y expresar sus emociones sería un acto de audacia y la ayudaría a comprender cuánto se conocía a sí misma. Enfrentar y superar sus desafíos internos la haría mucho más resiliente. Nos sentamos y Jade comenzó a contarme su historia:

—Estoy aquí, parada frente a este túnel, con esta niña asustada y llena de heridas que no sé cómo curar...

Su relato incluía episodios de tristeza, frustración, angustia, soledad y desconcierto. Puse las manos sobre sus mejillas y la miré fijamente a los ojos tratando de hacerle entender que comprendía cómo se sentía. Quise darle apoyo con aquella mirada, hacerle sentir que estábamos unidas desde el sentimiento y la experiencia compartida. Traté de provocar en ella equilibrio interior y resiliencia ante su adversidad y ayudarla a encontrar respuestas a sus dudas sobre qué hacer. Las horas pasaron casi sin darnos cuenta. Y es que el tiempo pasa inexorablemente, a veces incluso de puntillas. Donde existe el tiempo, nada vuelve atrás.

Comencé a sentir sus lágrimas en las manos mientras me contaba su decisión final:

—He decidido quedarme en mi ciudad con mi abuela.

Nos abrazamos y me susurró al oído:

—No te imaginas cuánto me has ayudado. Gracias.

Se introdujo a través del túnel y pronto dejé de verla.

Me quedé observando aquellas montañas majestuosas, respiré profundamente y pensé que lo más importante es reconocer que necesitamos ayuda y estar receptivos para recibirla. A partir de ahí podemos buscarla y, cuando nos llegue, aceptarla como un regalo de la vida o rechazarla y seguir sufriendo. ¿Cuál de estas decisiones es mejor? Consentir el acompañamiento es una gran idea. Sin embargo, también cabe la posibilidad de que aumente nuestra decepción si este no es guiado de manera adecuada.

El primer paso del proceso de acompañamiento es la escucha. La primera voz que se activa es la de nuestro interior. Cuando sentimos que sufrimos, que todo se desmorona, siempre hay alguien a nuestro lado dispuesto a hablarnos, aconsejarnos y proponernos. Atender selectivamente desde el amor a quien quiere ayudarnos es un buen primer paso, siempre sana. La escucha beneficia cuando es sin juicios ni etiquetas. Lo que oímos tiene un alto impacto en nuestras emociones, para bien o para mal. Todo depende de cómo procesamos la información de esa escucha. Incluso cuando el mar está agitado, escuchar sus olas relaja tanto como cuando está en calma. Escuchar siempre aporta, nosotros somos los que decidimos qué cosas son las que podemos aprovechar y cuales regresarán de nuevo al gran mar de las opiniones superficiales. La escucha parte de nuestra voz interna, desde donde también hay un mar de opiniones. Muchas de ellas son el reflejo de lo que hemos permitido que los demás nos proyecten y de lo que nos permitimos proyectar en los demás. Cuando nuestro interior esté bien, encontraremos sentido a todo lo que nos rodea y le daremos su debido lugar. La realidad principal está dentro de nosotros, todo lo demás es secundario.

Saber relacionarnos con nosotros mismos y comprender que sentir forma parte del ser humano nos proporciona la capacidad para seleccionar las herramientas que nos ayudan a encontrar el equilibrio interior, tanto con las emociones que nos resultan fáciles de gestionar como con las que no. Darnos cuenta de que la energía se puede reorientar nos permite creer en nosotros mismos de todo corazón.

Nuestros objetivos deben basarse principalmente en desarrollar de forma equilibrada nuestra autoconciencia, autoaceptación, autorregulación, autoconfianza y autocuidado. Con frecuencia, nuestra voz interior es nuestro principal enemigo, y por ello necesitamos el acompañamiento de una voz externa. En algunas ocasiones, la ayuda nos vendrá de fuera y en otras seremos los ayudadores. ¿Cómo estar preparados para hacerlo?

El acompañamiento a la persona que sufre y a su círculo de proximidad debe incluir la escucha activa. Se trata de proporcionar apoyo empático en un proceso de comunidad desde el sentimiento y el diálogo. También consiste en orientarnos hacia la toma de conciencia plena para producir equilibrio interior y, consecuentemente, resiliencia ante la adversidad.

La voluntad no se desarrolla con la huida, con el intento de abandonar lo que nos oprime, sino percibiendo y disfrutando la interacción coordinada entre los pulmones al llenarse de oxígeno y el corazón en cada latido. Esto es imprescindible para tomar conciencia plena del instante en que vivimos. Estar presentes nos regala la oportunidad de disfrutar los amaneceres de cada día y afrontar con esperanza los atardeceres. La voluntad parte desde nuestra esencia, nos permite enfrentarnos a nuestras emociones, aceptarlas con naturalidad y trabajar con actitud compasiva en regularlas. Se fortalece creando patrones que nos permitan validarlas de forma efectiva y autogestionar tanto nuestros pensamientos como nuestros comportamientos.

Hacía mucho que no hablaba con Jade cuando, de repente, un día me encontré por casualidad con ella. Nos quedamos mirándonos fijamente y nos reconocimos al instante. Venía de compras. Estaba hiperactiva, ansiosa, se le atropellaban las palabras como si le faltaran horas en el día para todo. La invité a tomarnos un *masala chai*, pero ella insistía en que no tenía tiempo. Le dije que la reconfortaría. Habían pasado ya tres años desde nuestro encuentro en el túnel de Vielha.

—Cuéntame, ¿sigues viviendo con tu abuela o ya te has independizado completamente? —le pregunté.

—Reconozco que debería haberme independiza-do ya, pero no he encontrado la forma de hacer-lo. Mi abuela estaba recién enviudada cuando me fui a vivir con ella. Se juntó mi sufrimiento con su duelo. A pesar de la distancia, la huida de mis pa-dres sigue afectándome y no consigo dedicarme el tiempo que necesito.

Jade todavía no era capaz de comprender la im-portancia del valor restaurador del tiempo cuan-do se invierte en uno mismo. Es el tesoro más valioso del que disponemos y del que menos conciencia tomamos. Observé que, inconscien-temente, ella pensaba que era infinito. Estaba atrapada en la consciencia de lo evidente y de lo urgente, sin tomar conciencia de la trascenden-cia del tiempo.

Continuó contándome su historia:

—Ni ellos ni yo estamos bien emocionalmen-te. Su economía es un desastre, y yo no puedo más. Acabo de sacarme el carnet de conducir, me he comprado un coche de segunda mano para desplazarme al trabajo. No paran de pedirme dinero, todo esto me está superando. El sufrimiento de mis padres y de mis hermanos me genera un estrés que soy incapaz de dominar. He decidido visitar a un psicólogo por recomendación de mi jefe. No sé si me servirá de algo, pero lo voy a intentar.

Le pregunté por Coral y me dijo que estaba allí mismo, en el parque. La observé, estaba triste jugando con la arena. Guardé un largo silencio y le dije:

—Quiero compartir algo contigo. Necesitamos trabajar las heridas de nuestra infancia. Pero, para ello, lo más importante es descubrir el valor del momento presente, tomar conciencia plena del ahora. Es con lo que contamos.

En ese momento, se acercó a nosotras Coral agitando las manos llenas de arena y pidiéndonos con insistencia que se las laváramos. Fuimos a la fuente y al terminar Jade se despidió:

—Te agradezco este espacio para poder conversar, pero ahora tengo que irme.

Le pedí que no se marchara todavía.

—Tengo un regalo para ti. —Le entregué una caja envuelta en un paño de lino fino con un corazón de cerámica dentro—. No la abras hasta nuestro próximo encuentro.

Nos intercambiamos los números de teléfono y nos despedimos. Estábamos seguras de que pronto nos volveríamos a ver.

Mientras acababa de tomarme el té, se sentó en la mesa de al lado una anciana elegantemente vestida que pidió lo mismo que yo. Sus ojos irradiaban una luz que no soy capaz de describir con palabras y sentí la necesidad irresistible de hablar con ella.

—¿Le apetece sentarse conmigo? —le pregunté.

Ella asintió con la cabeza, se sentó y pronunció su nombre:

—Ágata. Mi nombre es Ágata.

Me miró como si pudiera leer a través de mis gestos. Era como si me conociera de toda la vida.

—Te he estado observando mientras hablabas con Jade.

—¿Cómo sabes su nombre? ¿La conoces? —quise saber.

—La conozco desde hace mucho tiempo, pero nunca he hablado con ella. Supongo que te ha contado su historia. Te he visto entregarle un regalo. Yo también tengo algo para ti, pero necesito que me acompañes a casa.

Me asaltaron un millón de dudas acerca de quién era esa mujer y qué tenía para mí. No nos conocíamos, no la había visto nunca. Sin embargo, lo sabía todo sobre Jade. ¿Qué sabría de mí? Me dejé llevar por la atracción que me provocaba su personalidad y accedí.

Fuimos dando un paseo, observándolo todo sin perder ningún detalle. Me invitó a tomar conciencia de lo que sucedía a nuestro alrededor a lo largo del paseo. Al llegar a su casa, abrió de manera automática todas las ventanas que daban al jardín y a continuación me preguntó:

—¿Cómo está tu corazón?

Me quedé perpleja por la pregunta. Puso sobre la mesa de la sala una caja envuelta en un paño de lino fino y resplandeciente. Entonces anunció:

—Esto es para ti.

Al ver la caja, me di cuenta de que era el mismo regalo que yo le había hecho a Jade. Me abracé a ella y comencé a llorar. Aquel corazón de cerámica era frío, duro y frágil a la vez. Me conectó directamente a Jade y a Coral porque nuestras vidas habían tenido que resistir con la misma fortaleza.

Ágata me invitó a salir al jardín. Era un lugar acogedor, no me habría ido de allí nunca. El cielo estaba de un azul intenso, el sol brillaba con fuerza, lo miré y quedé ciega por unos instantes. Ágata me tomó de los hombros y me puso de espaldas al sol. En ese momento, observé la figura de las nubes y pensé en la inmensidad del cielo. Me invitó a sentarme en una de las dos *kai papasan* hechas a mano de mimbre y ratán, cuando un gato apareció sigilosamente evocando mis recuerdos de la infancia. Me quedé a solas, perdida en mis pensamientos, mientras Ágata preparaba unas tisanas. Un intenso aroma a azahar envolvía el ambiente.

Desde el jardín se observaba la sala llena de libros que más adelante darían respuesta a mis preguntas. Puso música, era suave y dulce a la vez. Agua fresca para el alma. En la bandeja de las tisanas traía una pequeña caña de bambú. Nos sentamos, tomó el corazón, lo envolvió en el paño de lino y lo colocó en mis manos. De pronto, me dijo:

—Toma esta caña y golpea el corazón con determinación.

Comencé a temblar, me daba miedo romperlo. Estaba desconcertada, le entregué la rama y me excusé:

—¡Lo siento, pero no puedo! No me noto preparada para hacerlo. No sé qué me pasa, pero siento que me falta el aire.

Ágata esbozó una sonrisa como si supiera de mi incapacidad para quebrantarlo. Se levantó, me enseñó un frasco de oro líquido y prosiguió:

—Lo que importa en la vida no es que te rompas, sino cómo te restauras. A veces te romperás tú de forma involuntaria, otras te romperán con toda la intención, o sin ella, pero al final te romperás. Tu corazón quedará roto en pedazos. Déjame contarte algo: cuando yo tenía treinta años, esparcimos las cenizas de mi padre en la playa de Los Locos. Me destrozó por dentro, mi corazón se fragmentó. Pero, en realidad, ni yo era responsable ni podía responsabilizar a nadie de aquello. Mis pies querían caminar hacia donde dormía mi padre, pero tenía que seguir viviendo. Ahora mi prioridad es cuidarme y tomar conciencia de lo que ya soy consciente.

Me llenó de curiosidad que conociera la playa de Los Locos y no pude evitar preguntarle cómo sabía de aquel lugar. No me contestó, simplemente me miró con una dulce sonrisa. Se produjo un largo silencio tras el cual tomó un cofre que tenía en una de las estanterías de la sala.

—Quiero mostrarte algo —me dijo.

Estaba impaciente por saber qué había dentro de aquel baúl. Ese momento fue mágico, pude ver el corazón sellado con el oro líquido. Era de una belleza inmensa, mucho más bonito que el que yo tenía entre mis manos. Al verlo, sentí la determinación de romperlo y cogí de nuevo la caña de bambú. Sin embargo, el miedo interior me impidió golpearlo con suficiente fuerza y Ágata me dijo:

—Tienes que darle con más determinación, hasta que el corazón se abra.

El corazón se rompió y, en ese instante, me sentí una mujer valiente que había estado frente a una puerta cerrada y cada una de las piezas de aquel corazón roto me hacía sentir que me encontraba en mi propia casa, llena de luz y con todas mis ventanas abiertas, respirando aire de libertad. Noté una suave brisa y abrí los ojos. El cielo no tenía límites para mí. Había llegado el momento de comprender que tengo el poder de protegerme y de cuidarme. Fue emotivo, pero también una experiencia empoderadora. Abrí aquel paño y contemplé todas las partes rotas. Me di cuenta de que la herida es el lugar donde la luz entra en ti.

Cada herida nos rompe el corazón y, hasta que somos conscientes y tomamos conciencia de ellas, el sufrimiento las mantiene abiertas. Al reconocer que le resultan molestas, decidimos dejar de sufrir para ser plenamente conscientes del dolor; cubrimos y rellenamos sus fracturas con la pureza del oro de la toma de conciencia.

—Te propongo que veas tus grietas como algo único que suma tu capacidad de amar y de amarte —me dijo Ágata.

A partir de aquel momento, tuvimos nuestro encuentro semanal durante diez semanas. Cada uno de aquellos días lo dedicamos a recomponer todas las piezas rotas hasta convertirlas en el corazón que me había mostrado. Al final de cada tarde que compartimos, Ágata me invitaba a escribir un pensamiento en el interior de cada pieza que restaurábamos.

Capítulo 3
AUTOCONCIENCIA: CORAZÓN ROTO

Aquellas diez semanas que pasé con Ágata despertaron en mí una necesidad irresistible de conversar con Jade y con Coral. Decidí llamarla, las invité a casa. Cuando llegaron, el rostro de Jade reflejaba prisa y el corazón acelerado, un alma inquieta. La niña mostraba el dolor que la afligía, la mirada triste, la sonrisa apagada. Salimos al jardín. Desde allí se observa la sierra, montañas unas más altas que otras y sobre ellas, un cielo azul. El sol brillaba con toda su fuerza y Coral se sentía claramente molesta por aquellos rayos. La senté en mi regazo y la invité a mirar en otra dirección. En ese momento dijo:

—¡Qué bonito está el cielo!

La ayudé a entender que para apreciar la claridad debemos evitar que nos deslumbre. Se produjo un largo silencio mientras yo le acariciaba suavemente el cabello. De pronto, ella exclamó:

—¡Qué inmenso es el cielo! ¡Mira allí, Gema! ¡Esa nube tiene forma de corazón! ¿Escuchas el sonido de los pájaros? ¡Qué bien huele!

—Huele a la flor del naranjo —le contesté—. Esa flor se llama azahar, es una de mis favoritas.

Justo en ese momento, apareció sigilosamente mi gato. Comencé a acariciarlo y le invité a que jugara con él. Se encerró en sí misma y se aferró a Jade. Caí en la cuenta de que a Coral no le gustaba interactuar con los gatos. Les di su espacio, se quedaron a solas en silencio y me fui a preparar unas tisanas. Las observé a lo lejos, estaban abrazadas.

Comencé a conversar con Jade. Llevaba tiempo sin saber de su madre y la echaba de menos.

—Necesito que me hables de tu madre, ¿cómo está? ¿Cómo se encuentra? —quise saber.

—Mi madre tiene fibromialgia y le han diagnosticado artrosis degenerativa. Bueno, la verdad es que tiene un sinfín de dolencias, físicas y psicológicas, que no es capaz de resolver... Creo que no soy del todo consciente del papel de protectora que he adoptado hacia ella, pero te confieso que siento que esto asegura mi supervivencia... Cuando me ocupo de los demás, noto algo de afecto o reconocimiento. Sin embargo, continúo acarreando todas estas responsabilidades que no me corresponden y que tanto me lastiman. Pero así es como logro sentir un poco el amor y la seguridad de mis padres.

La vida está basada en una cadena de toma de decisiones. La enfermedad es el clamor de un cuerpo en guerra que se expresa al no ser capaz de tomar conciencia de aquello de lo que es consciente. Es el resultado de un diálogo interior tóxico lleno de negatividad, de frustración y de aislamiento, de falta de comprensión y aceptación. La enfermedad se manifiesta cuando ya no soportamos seguir sufriendo. El sufrimiento es una decisión, consciente o inconsciente; pero, al fin de cuentas, una decisión que amenaza con anular nuestra voluntad y hacernos envejecer sin esperanza.

Le pregunté si había traído el corazón que le había regalado. Metió la mano en su bolso y lo puso sobre la mesa.

—El momento de romper el corazón ya ha llegado —le dije.

Abrí la caja, tomé sus manos y puse el corazón en ellas. Jade quedó desconcertada. Su mirada era una mezcla de sorpresa y miedo. Estaba paralizada.

—Ya eres adulta —le expliqué—. Tienes el poder de protegerte y cuidarte a ti misma. Ya no dependes de nadie y nadie depende de ti. —Coral se aferró con fuerza a las piernas de Jade. Comprendí en ese instante que todavía no tenía la determinación para golpear con suficiente fuerza el corazón—. Lo que importa en la vida no es que te rompas, sino cómo te restauras.

Jade fue incapaz de golpear el corazón con la suficiente determinación en ese momento. Para que nuestras emociones respondan amablemente al dolor que nos aflige, necesitamos distanciarnos del sufrimiento del pasado y aproximarnos con normalidad a nuestro dolor presente.

Para alcanzar un estado de autoconciencia necesitamos entrenar la mente. Me acerqué con un cuenco tibetano y lo puse en sus manos.

—Quiero que estés serena y conectada con el momento presente. Cierra los ojos, respira profundamente y golpea el cuenco. ¿Qué sientes?

—Siento su vibración en la mano mientras una suave brisa me acaricia el rostro —contestó.

Por un instante sentí que Jade había logrado conectar con el momento presente, pero necesitaba dejar de ser crítica con ella misma. ¿Cómo podría alcanzar ese estado mental progresivamente fomentando al mismo tiempo la felicidad y la satisfacción de forma natural? Necesitaba ser capaz de romper el corazón, prestar atención a sus pensamientos, sentimientos, sensaciones corporales y al entorno circundante con suficiente apertura y curiosidad. Fue justo ahí cuando Jade tomó la caña de bambú en la mano y golpeó el corazón. Sin embargo, no consiguió romperlo.

—Tienes que darle con más determinación hasta que el corazón se abra.

De nuevo, lo golpeó y finalmente se quebró. Sentí que conectábamos completamente y aprecié ese momento, sin anclarme en el pasado y sin preocuparme por el futuro. Nos quedamos las dos en un silencio reconstructivo, casi mágico. No encontramos nada que fuera mejor que aquel instante. Era la mejor respuesta de la auténtica sabiduría.

Detecté que había mucho sufrimiento en su interior. Necesitaba comenzar a reconstruir el corazón.

—¿Sabes lo que es la conciencia plena? —le pregunté.

—He oído hablar del *mindfulness,* ¿es lo mismo? —respondió Jade.

—Sí —le confirmé—. Es una herramienta de vida extraordinaria que se utiliza incluso en medicina.

—Siento mucha curiosidad por conocer más acerca de ello —me dijo.

—Desde hace mucho tiempo, la cultura oriental se ha preocupado por comprender la relación que existe entre nuestro cuerpo y nuestra mente. El *mindfulness* surgió de la voluntad de un grupo de psiquiatras y psicólogos por encontrar herramientas para aliviar el estrés y el sufrimiento de pacientes con dolor crónico. Comprobaron de manera metodológica las diferentes disciplinas orientales. Todo esto constituyó en sí mismo un proceso de integración y comprensión especialmente creativo porque nos permite entender el origen del sufrimiento y analizar sus causas, así como el método y la forma de paliarlo desde una perspectiva científica.

»El nacimiento del *mindfulness* está vinculado al desarrollo de la medicina integrativa. Es una manera de entender la salud y la enfermedad desde un punto de vista más humano y cercano. La persona que sufre desempeña un papel central y activo porque así puede modificar las conductas y los comportamientos que le afectan.

»Por lo general, nuestra mente funciona con frecuencia en modo piloto automático, alejándonos del momento presente. De ahí esa insaciable búsqueda de calma, felicidad y bienestar general. En una primera fase, el *mindfulness* ayuda a eliminar de nuestro pensamiento todos aquellos patrones que nos impiden ser felices en un momento determinado aquí y ahora y que están teñidos de emociones perturbadoras que nos causan sufrimiento a nosotros y a los demás. La atención plena genera autoaceptación, autocomprensión, autocompasión y autoestima. La capacidad de resiliencia está estrechamente relacionada con nuestra atención, conciencia y recuerdo.

—Gema, me cuesta mucho trabajo sentir calma, felicidad y bienestar —contestó Jade—. Tengo muy presente todo lo que me pasó. Siento mucho miedo por lo que me pueda suceder en el futuro. Me encantaría ser capaz de disfrutar plenamente de lo que está sucediendo ahora. Quisiera detener el tiempo, aquí y ahora, para siempre.

—Hay una voz que no usa palabras, escúchala —le aconsejé—. Si pones atención en los pensamientos, tomarás conciencia y podrás responsabilizarte de lo que sucede dentro de ti. Cuando salgas del piloto automático, volverás a casa. Si te pierdes en la conciencia, te alejarás a cualquier lugar menos a tu interior. La calidad de tu paz interior es directamente proporcional a la forma de relacionarte con tus pensamientos.

Nos abrazamos. Habíamos conseguido mitigar el dolor y comprender el sufrimiento, pero todavía teníamos mucho trabajo por delante.

—El juicio, la culpa, la vergüenza... no me dejan lograr el equilibrio interno —me explicó Jade.

—Cuando estás presente, fluyes con la vida y te preparas para recibir lo que llega a ti tal y como es —le contesté—. Nuestra mente funciona con ese piloto automático. Estamos habituados a juzgarlo todo sin prestar atención plena. La observación no crítica juega un papel fundamental en nuestro proceso de aprendizaje. Se trata de una atención basada en la contemplación de nuestros pensamientos y sentimientos sin adjuntar juicios o etiquetas, siendo a la vez conscientes y tomando conciencia con amor.

—Perdona, Gema, tengo frío —me interrumpió Jade—. ¿Me prestas una chaqueta, por favor?

—Tu petición me ayuda a ponerte un ejemplo —le dije—. Voy a por una rebeca y te lo cuento.

Entré a mi habitación, cogí la prenda y se la entregué a Jade al salir.

—Como decía, eres consciente de que tienes frío y, cuando estás presente, tomas conciencia y actúas: me pides ayuda, un abrigo. Es decir, te das cuenta de tu sensación corporal y decides pasar a la acción. Ahora te involucras completamente y aprecias tu necesidad. Estás ante el único instante de oportunidad del que dispones en tu vida para calmar tu sensación de frío. Ser conscientes no es lo mismo que tomar conciencia.

»Por otra parte, nuestra capacidad de aceptación de la realidad generalmente se ve limitada por la vergüenza que condiciona nuestro recuerdo pleno. Lo que nos da miedo que los demás descubran de nosotros es la base de todo. La capacidad de aceptación depende de la disposición y habilidad para reconocer y tolerar situaciones, personas o circunstancias tal como son, sin resistencia ni juicio negativo. Esta capacidad es importante en el desarrollo emocional y en la gestión de las experiencias. No es buena idea responsabilizar a otros de esto. Hablamos de actitud y de aptitud. Con la actitud decidimos el reconocimiento y la tolerancia, no juzgar y no resistirnos a las circunstancias. Con la aptitud desarrollamos nuestras condiciones naturales para lograrlo. Esto nos ayuda a aceptar los pensamientos y los sentimientos sin intentar cambiarlos o reprimirlos. Dicho de otro modo, nos lleva a una mayor sensación de paz interior y capacidad de gestión emocional a través del recuerdo pleno.

»Con frecuencia, el problema consiste en la evaluación de un presente que es consecuencia del pasado y que provoca un sentimiento de culpa. Esta idea bloquea las oportunidades de futuro y nos hace analizarlo como una amenaza constante en lugar de una oportunidad.

—¿Y dónde encuentras la solución a todo eso? —preguntó Jade.

—La solución reside en la toma de conciencia del momento presente a través de la paz interior —contesté.

Cayó la tarde, el cielo lucía arreboles anaranjados. Había refrescado y era hora de despedirnos. Fue en ese momento cuando le entregué a Jade el diario de reflexión del Método Heart. En él registraría sus pensamientos, sus emociones y experiencias diarias. Esto le cambiaría la vida.

—Te propongo que escribas hoy mismo tu primera reflexión —le aconsejé—. Y para nuestro próximo encuentro comentaremos cómo te han ido tus pensamientos diarios. Puedes escribir por la mañana, antes de dormir o en el momento que mejor te venga. Lo importante es que lo hagas siempre a la misma hora.

—¿Y cómo lo hago? —preguntó Jade—. Me siento bloqueada. ¿Por dónde empiezo? Siempre he estado por y para todos, comprendiendo la situación de cada persona. Sin embargo, creo que no he priorizado mis necesidades. ¡Cuánta energía he gastado!

—Es normal todo lo que sientes, deja de boicotearte. Regálate una pausa. Ahora es el momento de poder cambiarlo. ¡Estás en el camino! Hay algo que quiero que tengas claro y es que los desafíos siempre surgirán y estarán presentes. Querer evitarlos va «contra natura». Sé amable contigo si notas que sufres. No te resistas, todo aquello a lo que te resistes persiste. Por ello, practica la autocompasión y la compasión mientras escribes. Trátate con la misma gentileza con la que tratarías a tus amistades en situaciones difíciles.

Empatía y compasión no son la misma cosa. Con la empatía percibimos el dolor del otro, pero no necesariamente implica acción. Con la compasión comprendemos el dolor y el sufrimiento, tanto nuestro como el de los demás, dentro de un contexto de amor. Esta última implica, además, pasar a la acción, acompañar al otro y aliviar su sufrimiento. La actitud compasiva no debe generar desgaste, debe tranquilizar tanto al que la recibe como al que la entrega.

—¿Cómo puedo hacer esa pausa, Gema? —preguntó Jade—. Necesito un nuevo punto de partida.

—La amabilidad y la comprensión internas son imprescindibles en tus peores momentos. Ese es el punto de partida de la verdadera compasión. A la primera persona que necesitas perdonar es a ti misma. Si no te amas, ¿cómo podrías perdonarte? Si no amas al otro, ¿cómo podrías perdonarlo? Se trata de amar desde la esencia, no desde la herida. Esfuérzate por comprender las experiencias y perspectivas de los demás y escríbelas en tu diario.

En nuestra esencia está el perdón, mientras que en la herida está la culpa. El perdón sana. El que se perdona a sí mismo está capacitado para perdonar a los demás desde su esencia, y en la compasión está el amor. Por lo tanto, si no te perdonas, serás incapaz de perdonar. La empatía no consiste en ponerse en los zapatos del otro, sino en comprender cómo se siente el otro con los zapatos que lleva puestos. La actitud compasiva implica proporcionar un calzado cómodo a nuestros compañeros de viaje a través del perdón.

—Define tu propósito. Establece el objetivo de tu diario. ¿Qué quieres cambiar? ¿Cuánto tiempo necesitas para hacer esos cambios? —le sugerí.

—¡Pero yo no he escrito nunca! —replicó Jade.

—Exprésate con total libertad. No te preocupes de la gramática o de la estructura, esto es absolutamente personal y libre de juicios. Escribe qué sientes y cómo lo sientes. Registra cada día tus logros y los desafíos a los que te estás enfrentando.

—El problema es que hay demasiadas cosas que siento que me están bloqueando.

—¿Quiénes están involucrados en esos bloqueos? ¿Dónde visualizas exactamente tus límites? Necesitas registrar por escrito los momentos en los que se están cumpliendo tus propósitos. Celebra tus logros y aprende de tus desafíos, analízalos como oportunidades de aprendizaje y no te dejes bloquear por ellos. No te centres solo en lo negativo, busca que el diario produzca en ti el equilibrio emocional.

Jade me confesó que nunca antes había realizado un trabajo tan introspectivo como el de plasmar sobre el papel todo aquello que pensaba y sentía.

—Me he dado cuenta de que es la primera vez que dedico tiempo a hablar conmigo misma a través de la escritura —me confesó Jade—. Al principio me he sentido muy insegura, sin embargo, tus palabras me han invitado a permitirme el espacio, el tiempo y el amor que tanto necesito.

—No te imaginas la alegría que me da escuchar eso, querida Jade. La mayoría de las veces, las personas tendemos a dar consejos y ayudar a los demás sin ser capaces de atendernos a nosotros mismos.

Se produjo un largo silencio. Nos abrazamos y Jade me dio las gracias.

—Ha sido maravilloso. Realmente necesitaba este encuentro.

—No hemos terminado todavía —le advertí—. Necesitamos reconstruir el corazón. Toma una pieza y escribe en ella la herida que más te está lastimando en estos momentos. Hazla encajar con otra y únelas con el oro líquido.

Los ojos de Jade se inundaron de lágrimas, respiró profundamente y conectamos juntas. Coral tomó el rotulador y escribió «miedo» en una de las piezas rotas. En ese instante, sentí que me invadía el espíritu de Ágata y taché aquella palabra. Fuimos conscientes del amor que nos unía y tomamos conciencia, a través de ese amor, del daño que nos había hecho el miedo hasta entonces. Cogí el trozo que encajaba y le pedí a Coral que dibujara un corazón. Jade unió aquellos dos fragmentos con el oro líquido. Nos quedamos en silencio y nos fundimos en un abrazo. El sol se ocultó, apagamos las velas y nos despedimos.

—Nos vemos la semana que viene, Jade. No olvides registrar en tu diario este momento y todo lo especial que va a ocurrir a partir de hoy en tu vida.

Capítulo 4
AUTOACEPTACIÓN: FLOR DE HIBISCO

A la mañana siguiente quise disfrutar del amanecer en la playa. Bajé la loma de la montaña y aquellos quince minutos en silencio conmigo misma me inspiraron para entender que si nunca sufriéramos, no tendríamos las bases para desarrollar la comprensión y la compasión. Y, aunque sufrir nos resulta altamente familiar, no sería necesario si lográramos identificar correctamente nuestro dolor. De la toma de conciencia de nuestro sufrimiento depende nuestra capacidad de crecer, pero para ello necesitamos aprender a advertirlo e incluso aceptarlo. Llenamos nuestra vida de ruido porque creemos que evitando el silencio no sufrimos. Esta huida llena de responsabilidades innecesarias nos roba el tiempo para dedicarnos a ser plenamente conscientes de nuestra necesidad de tomar conciencia de todo lo que arrastramos y así poder sanar.

Comencé a caminar y llegué hasta el espigón del puerto. Me senté en mi rincón favorito mirando hacia el mar, contemplando el amanecer. Antes de meditar, hice unos estiramientos y sentí la presencia de alguien. Me giré para ver quién era y me encontré con Ágata. Llevaba un vestido largo transparente de color blanco. Iba descalza. El cabello fino y ondulado se movía con la brisa de la mañana; el rostro estaba iluminado por aquellos primeros rayos del día. Conversamos sobre mi encuentro con Jade y Coral y compartí con Ágata mis impresiones:

—Me sorprendió que la niña escribiera la palabra «miedo».

—El miedo condiciona nuestra capacidad para reconocer quiénes somos en realidad —me explicó Ágata—. Coral necesita ser feliz para conseguir un estado de bienestar.

—¿Y cómo se consigue eso, Ágata?

—La actitud compasiva y la tolerancia a las emociones que nos lastiman aumentan la capacidad de vivir con autenticidad y de manejar las relaciones.

—¿Te refieres a nuestro sistema de creencias?

—Bueno, me refiero a algo más amplio que solo las creencias; trasciende a lo largo del tiempo. Nuestros gustos, acciones, costumbres, estudios... En definitiva, una identidad personal que nos permite alcanzar un estado de bienestar y de felicidad plena. La autoaceptación es fundamental en nuestra toma de decisiones.

Comenzamos a pasear por el cauce seco del río. Me llamó la atención un arbusto de hibisco lleno de grandes flores rojas aterciopeladas. Ágata cortó una y la puso en mis manos.

—Esta flor se utiliza como ofrenda de gratitud. Atrae el amor, el optimismo y nos ayuda a apreciar las cosas más sencillas que nos rodean. Te invita a apartar un tiempo para tomar conciencia y agradecerte a ti misma todo lo que has hecho por y para ti —declaró.

Me acerqué las manos hacia el pecho. Cerré los ojos y conecté con total presencia a través de mis sentidos.

—Me gustaría plantarla en mi jardín, pero no tengo idea de cómo hacerlo.

Había llegado el momento de convertirme en jardinera de mi propia mente. Me tocaba reconocerla, sembrarla, abonarla, regarla, podarla y sobre todo disfrutarla. Pero para ello debía hacerlo con mucha dedicación y cuidado. Quería ver crecer flores preciosas y fragantes, pero había mucho sufrimiento y tristeza al pensar en Jade y Coral. Ágata sabía que todos aquellos recuerdos servirían de abono para nutrir la tierra fértil de mi mente. Todas aquellas contrariedades se convertirían, a su debido tiempo, en tierra vigorosa y bien abonada donde brotarían bellas flores de hibisco. Ágata me pidió las llaves de mi jardín. Había más oro en sus pensamientos del que se haya sacado de la tierra. Tenía la sensación de que no había cerradura que pudiera resistirse a su petición. El oro de sus pensamientos abriría todas mis puertas.

—Quiero sorprenderte cuando menos te lo esperes —me dijo Ágata.

Le entregué mis llaves y me quedé reflexionando sobre las características de aquella preciosa flor. A partir de ese momento decidí dedicar más tiempo para mí. Me agradecí en forma de abrazo el gran trabajo que acababa de iniciar. Me hacía especialmente feliz pensar en la idea de compartir todo este aprendizaje con Jade y Coral.

***

Llegó el día de nuestro reencuentro. Las dos estaban radiantes. Percibí en ellas felicidad, había mucha motivación por todo el aprendizaje de aquella semana.

Nos sentamos en mi jardín y me quedé atónita al observar siete flores de hibisco plantadas en la entrada. Ágata me había sorprendido. Ese instante despertó en mí la inspiración para compartir con Jade el itinerario de la autoaceptación.

—Debes considerar el bienestar personal como un estado que sirve de plataforma para que suceda todo lo demás —le dije—. La felicidad no es la consecuencia de nada, es la herramienta para lograrlo todo. Tú decides ser feliz, decides tu bienestar. Se trata de un principio interior basado en tu esencia.

—Siento que hay un conflicto en mí. Esta semana he tomado conciencia del miedo que hay en mi interior. En cierto modo, mi corazón sigue roto, pero a la vez entero —respondió Jade.

—Comprendo que pienses que tu corazón está entero y a la vez fracturado, que le falta la pureza de tu esencia. Quizá ha llegado el momento de aceptar que realmente está roto. Pero recuerda que ya hemos comenzado a recomponerlo con el restaurador de oro que es la conciencia de la felicidad. Con él vamos a continuar uniendo todas las piezas rotas. Tu bienestar personal depende solo de ti. Escucha tus pensamientos y sentimientos sin juicios ni etiquetas. Escúchate sin criticarte.

Yo me sentía capaz de reconfortar el corazón de Jade porque también había estado sin consuelo. Podía llorar con ella porque mi corazón también había estado destrozado por el dolor. Podía darle mi mano en su oscuridad porque yo también había estado sola. Todas aquellas cosas que me habían roto habían pintado de oro mi corazón.

—¿Cómo podría escucharme y ser objetiva sin autocrítica? —preguntó Jade.

—Practica la escucha activa —le expliqué—. Muestra interés y comprensión, reconoce en las debilidades del otro tus propias debilidades, enfrenta tus errores y fracasos con una actitud de aprendizaje y considera cómo las dificultades pueden ser oportunidades para crecer juntos. Entiende que todos tenemos nuestras propias luchas y desafíos. Sé consciente de tu diálogo interno y toma conciencia sustituyendo los pensamientos críticos por palabras amables y compasivas. De este modo, experimentarás la cualidad liberadora de la compasión.

Nos quedamos en silencio. Me sorprendió que comenzáramos a hablar juntas de nuestros pensamientos tóxicos. A medida que conversábamos, iban quedando definidos de forma muy concisa. Cada uno se convertía en un pensamiento creativo y positivo. Nos sentimos completamente liberadas. Todos aquellos pensamientos tóxicos se habían quedado reducidos a uno solo. Habíamos encontrado la solución.

Observé a Coral y quise charlar con ella, pero sentí que estaba bloqueada. Sus creencias nucleares negativas se ocultaban en la raíz de su vergüenza. Estaban originadas por pensamientos profundamente arraigados y sin fundamento que lastimaban su autoestima. La hacían sentir que no era una persona válida, normal y digna de ser amada. La compasión de la autoaceptación abraza con corazón abierto y amoroso todas las facetas de nuestro ser. Es el mejor de los antídotos contra la timidez porque confronta las creencias negativas.

Intenté jugar con ella y sus muñecas, pero no quiso. Fue entonces cuando me percaté de sus conflictos. Nos sentamos en el suelo y comenzamos a adoptar las posturas que tenían las muñecas y a ellas las hicimos adoptar las nuestras. Fue un momento mágico y poco a poco Coral fue perdiendo la vergüenza.

Decidí poner música alegre y comenzamos a cantar, bailar y saltar. Se unió a nosotras Jade y fue muy divertido y especial. Mientras estábamos bailando entró Ágata en el jardín y también se puso a bailar con nosotras.

Tenía mucha curiosidad por conocer los avances que había hecho Jade a través del diario de reflexiones, por lo que le pregunté:

—¿Qué has aprendido con tu diario esta semana?

—Ha sido un proceso reflexivo muy intenso. Creo que estoy logrando comprender quién soy, qué me hace tan especial y cuáles son mis valores fundamentales —respondió Jade.

—Te entiendo perfectamente —le aseguré—. Sin embargo, debes planificar cada actividad. Tómate el tiempo que necesites, pero sin perder de vista la importancia de crear un horario y un calendario de actividades si quieres obtener resultados para tu bienestar. Establece metas a corto y largo plazo, examina tus aspiraciones y lo que deseas lograr en las diferentes áreas de tu vida, y, sobre todo, pregúntate qué te motiva y qué tipo de vida te gustaría tener. Identifica los patrones recurrentes en tus experiencias. Traza una línea de tiempo y observa cómo se cumplen en ella todas aquellas cosas que te entusiasman.

Observé que Coral comprendía perfectamente nuestro diálogo de adultas. Había adquirido destrezas para relacionarse con sus emociones difíciles. Ágata nos propuso un ejercicio de respiración para tomar conciencia de nuestro cuerpo como un todo. De repente, comencé a sentir una fuerte opresión en el pecho. Ágata se percató y me preguntó:

—¿Qué te sucede, Gema?

—No sé cómo expresarlo, pero creo que no he conseguido desbloquear mis emociones.

—¿Qué conflictos están en ti?

—No consigo conectar conmigo.

—¿Qué es lo más importante para ti en la vida?

—Creo que mis valores y mis creencias influyen en mis decisiones y acciones. Esta semana lo he hecho desde la mirada del espectador con Jade, con espíritu de aprendizaje.

—¿A qué creencias y valores crees que te estás enfrentado? ¿Cuáles piensas que necesitas cambiar?

—No lo sé.

—Haz un alto en el camino y reflexiona sobre todos los eventos significativos que te ha contado Jade. ¿Qué has aprendido?

—He examinado los logros y desafíos a los que se ha enfrentado y cómo ha sido su respuesta ante a ellos, y estoy francamente sorprendida.

Ágata nos propuso dar un paseo tranquilo por la montaña. Sabía que estar en cercanía con la naturaleza sería un complemento perfecto para favorecer nuestra salud mental. Subimos hasta La Cruz. Allí me concentré en mis pensamientos y sentimientos. En ese momento pude comprender el impacto que tenían mis emociones en mi conducta. Cuando regresamos, Jade nos propuso hacer un *collage* como el que había hecho en su retiro de biodanza. Fuimos pegando imágenes y palabras que nos inspiraban y empoderaban. Creamos un acróstico con nuestros nombres. En cada letra inicial escribimos un adjetivo que distinguía las mejores habilidades de cada una de nosotras.

Ágata nos reunió a todas y nos dijo:

—Ha llegado el momento de evaluar nuestras habilidades y talentos para recomponer las áreas de mejora. Reconoced y aceptad vuestras fracturas, no os juzguéis, simplemente restaurad. Mientras lo hacéis, identificad vuestros intereses y pasiones. ¿Qué os entusiasma?

—Me entusiasma vivir una vida plena reduciendo al mínimo todo mi sufrimiento —empezó Jade sin rodeos—. Aprovechar cada segundo como si fuera el último y ocuparme solo de lo que depende de mí. Enfrentarme a mis miedos. Dejar de preocuparme por todo. Exigirme menos. Comprender que no estoy obligada a agradar a todo el mundo.

Conectar con mi lado más atrevido y aventurero. Saltar, gritar y bailar con la música a todo volumen. Reír a carcajadas hasta que me duela la cara. Apreciar cada detalle de todo lo que me rodea, por sencillo que parezca, dándole todo el sentido a la vida.

—Visualizad cómo se pueden transformar vuestros intereses y objetivos en una realidad —nos pidió Ágata.

—Pero ¿qué puedo hacer con todo lo que no depende de mí? —le pregunté.

—¿Te refieres a cómo influyen en tu identidad el entorno familiar, tu cultura y las experiencias sociales?

—Sí, me refiero exactamente a eso. Todo lo que mencionas ha afectado a mis valores y a mis perspectivas.

—Busca retroalimentación constructiva de amigos cercanos, familiares o mentores que te sirvan de inspiración, apoyo y acompañamiento y sean conocedores del Método Heart. Recuerda que explorar tu identidad es un proceso continuo y que tu comprensión de ti misma puede evolucionar con el tiempo. Sé paciente y amable contigo y disfruta del proceso de autoaceptación.

Ágata nos propuso hacer un ritual de liberación. Repartió unas notas de colores y nos instó a escribir en ellas lo que queríamos dejar ir. Después las colocamos en una vasija ardiente con resina de copal y mientras se quemaban nos dijo: «Dejar ir nos da libertad». Estábamos contemplando aquel humo cuando nos repartió otras hojas de papel y nos pidió que escribiéramos en ellas pensamientos con sentido de propósito y dirigidos a la vida. Nos pusimos en forma de círculo alrededor de aquel cuenco y cada una de nosotras mencionamos en voz alta y con determinación lo que queríamos atraer a nuestras vidas. Nos invitó a integrar nuestros propósitos a través de una conexión física y mental. Fue una experiencia transformadora, difícil de explicar.

Comencé a fluir con el momento y sentí una necesidad irresistible de escribirme una carta de reconocimiento por el esfuerzo que había realizado de fortalecer mi sensación de felicidad. Cuando terminé, Jade y Coral habían escrito también una para mí y fue muy emocionante lo que leí. Se había materializado nuestra esencia. Estábamos construyendo nuestro futuro presente.

Había caído la noche y decidimos fijar aquellas imágenes para el recuerdo. Después de nuestra sesión de fotos, reconstruimos historias del pasado que fueron caricias de la memoria y nos ayudaron como refuerzo positivo a restaurar nuestra aceptación.

Cuando se marcharon, me quedé reflexionando sobre todo el bien que nos había hecho esa jornada juntas. Decidí regar las flores de hibisco como una ofrenda de gratitud por el amor que sentía hacia Coral, Jade y Ágata. Miré con optimismo todo el proceso en el que estábamos inmersas y pude apreciar los pequeños detalles del tiempo que habíamos pasado juntas. Había en mí un profundo sentimiento de abundancia, bienestar y alegría. Reflexioné, volviendo atrás en lo que había escrito en mi diario, sobre mis emociones y descubrí que ya era capaz de diferenciar entre sus diferentes matices y pude prestar atención a todas las señales físicas y mentales que estaban asociadas a cada emoción. Comprendí que todas son naturales y tienen un propósito.

Sin embargo, se apoderó de mí un profundo sentimiento de soledad. Debía desarrollar la capacidad de ser flexible al nuevo estado emocional en el que empezaba a encontrarme. Debía adaptarme y recuperarme de esta experiencia emocional desafiante y visualizar en ella la oportunidad de crecimiento personal que tenía por delante. Necesitaba ser resiliente y aceptar que estaba ante una oportunidad excelente para crecer. Fue entonces cuando decidí continuar recomponiendo el corazón roto. La palabra *exigencia* cobraba cada vez más fuerza en mi interior, como la herida que arrastraban tanto Coral como Jade. La escribí y comprendí la presión que ejercía sobre mí. Era el momento de fluir, no de exigirme. La taché y en otra pieza dibujé una gran ola como símbolo de la fuerza que había en mi interior para poder fluir. Uní las cuatro piezas con el propósito de aceptar mis miedos y mi autoexigencia, tal y como son, y reconducirlos. Mi corazón sería mucho más fuerte que antes de romperlo. Coral y Jade hicieron lo mismo.

La regulación emocional depende de nuestra capacidad para cultivar estrategias saludables y gestionar las emociones. Los comportamientos impulsivos y destructivos ante sentimientos intensos suponen un alto costo emocional que no siempre tendremos saldo suficiente para pagar. La expresión emocional saludable siempre encuentra formas constructivas para responder.

Nuestras emociones suelen presentar patrones recurrentes, es decir, nuestra conducta frente a una emoción habitualmente se repite. Las emociones coexisten y son contradictorias. Ser conscientes y tomar conciencia de esta realidad nos ayudará a desarrollar una mayor tolerancia hacia la incertidumbre emocional y desarrollar una relación positiva con nosotros mismos reconociendo nuestros sentimientos como legítimos.

Capítulo 5
AUTORREGULACIÓN: HOGAR, DULCE HOGAR

Me sentía ansiosa y decidí llamar a Ágata. La consciencia de mi tendencia a reaccionar de forma precipitada estaba más presente que nunca, pero empezaba a tomar conciencia de mi impulsividad. Mis sentimientos de culpa estaban a flor de piel por no haber actuado en el pasado de forma reflexiva ni pensado en las consecuencias a largo plazo. Mis conductas habían estado impulsadas por la emoción, pero por fin era consciente de mi baja percepción de mis impulsos y mi escasa tolerancia a las emociones desagradables que me impedía identificarlas y aceptarlas. Después de mi último encuentro con Ágata estaba emocionada. Me veía capaz de superar mis sentimientos de culpa y gestionar mis impulsos adecuadamente porque había logrado comprender y valorar el «coste-beneficio» de mis estados emocionales.

—¿Qué te pasa, Gema? ¿Por qué estás tan emocionada? —me preguntó Ágata.

—No consigo olvidar nuestro último encuentro —le contesté.

—Fue muy enriquecedor... ¡Ay! Dame un segundo, llaman a la puerta...

Tras unos minutos, volvió a coger el teléfono y anunció:

—Tengo una sorpresa para ti. Ven a casa y te lo cuento.

—¿De qué sorpresa se trata? —quise saber inquieta.

—Tranquila, no te preocupes, cuando vengas te lo digo.

—No me dejes así, dame alguna pista.

Ágata se echó a reír. Su capacidad de dimensionar, planificar, organizar y dirigir su comportamiento era sorprendente. Su risa sonó en el momento justo y en la intensidad apropiada. Su forma de gestionar sus emociones me dejó anonadada.

La autorregulación implica la capacidad de mantener un diálogo interior que nos permita gestionar y moderar nuestras propias emociones, pensamientos y comportamientos en función de metas y estándares que debemos definir desde nuestra esencia. Sin este proceso resulta difícil el bienestar emocional y el funcionamiento efectivo en las diversas áreas de la vida. Todo comienza en la mente. La autorregulación parte desde nuestra esencia para proporcionarnos un funcionamiento efectivo. Esto nos permite desarrollar la capacidad de control y regulación de nuestras emociones, pensamientos y comportamientos. Hablamos de autorregulación emocional, cognitiva y conductual. Para establecer metas y estándares personales es fundamental guiar, ajustar y controlar ese funcionamiento efectivo de forma adaptativa en todos los ámbitos. Esto significa desarrollar la capacidad de planificar, organizar y dirigir nuestro comportamiento de forma autónoma y así poder gestionar eficazmente nuestras emociones, dominar nuestros impulsos y dirigir nuestra atención hacia objetivos específicos.

Llegué a casa de Ágata en la mitad del tiempo que me costaba habitualmente. Al entrar, me sorprendió la presencia de Jade y Coral. Esa era la sorpresa que me tenía preparada. Comenzamos a saltar de alegría. Ágata nos observaba sentada con una sonrisa reflexiva de felicidad plena en la boca.

Coral comenzó a correr por el jardín y me puse a jugar con ella a la «neurona espejo». Pronto se unieron Jade y Ágata a nuestro juego y aquel momento se convirtió en toda una fiesta.

Después nos sentamos en el césped y me quedé observando los rostros de felicidad de cada una de ellas. En ese instante pensé en lo bonito que sería vivir todas juntas en el hogar de Ágata, entonces esta dijo:

—Hogar, dulce hogar.

—Yo me quiero quedar a vivir aquí —pronunció Coral.

Todas nos miramos. Aquella mirada de complicidad me hizo comprender que estábamos en casa. Se había establecido entre nosotras una conexión emocional tan grande que no imaginábamos la vida de las unas sin las otras. Cuanto más escuchábamos nuestro propio corazón, más podíamos leer los sentimientos de las demás y más nos atraía la idea de vivir juntas.

De repente, Ágata respiró profundamente y preguntó:

—¿Queréis tomar algo? Necesito beber agua.

Ágata trajo una jarra de agua con limón. Ella sabía que el consumo adecuado de agua mejora el rendimiento cognitivo y la claridad mental. Eso facilitaría nuestra toma de decisiones y la gestión de nuestras emociones. Aquel momento estaba lleno de felicidad y buena energía. Mientras bebíamos, Ágata nos contó que desde nuestro último encuentro no había dejado de pensar ni un solo día en la posibilidad de vivir todas juntas y nos ofrecía mudarnos con ella a su casa.

—Recuerdo el día que nos encontramos en el túnel —reflexionó Jade.

—Yo estaba allí aquel día —respondió Ágata—. Pero no fuisteis conscientes de mi presencia.

—Ahora que somos conscientes de tu presencia, la idea de vivir todas juntas llena mi vida de luz —continuó Jade.

Era asombroso lo lejos que habíamos estado y lo cerca que nos sentíamos. En la distancia, nuestros corazones habían estado unidos con mucha fuerza y el amor se había convertido en el lazo que nos unía. Cada una de nosotras comprendía el lugar que ocupábamos en el corazón de las demás.

—Bien, chicas, ahora que todas conocemos la casa, decidamos cómo vamos a repartirnos las habitaciones —anunció Ágata.

Fuimos paseando por las estancias y me gustaron todas. Estaban llenas de luz y decoradas con un gusto exquisito. Los muebles eran blancos y había una mezcla de estilos que inspiraba mucha paz. Estuvimos conversando emocionadas sobre cuáles serían las responsabilidades de cada una. En un momento dado, Ágata nos sentó en el salón. Era consciente de que aquel cambio que tanto nos emocionaba generaría una crisis interna entre nosotras. Necesitábamos un tiempo de reflexión profunda porque el cambio es una puerta que se debe abrir desde dentro. Cada una quería ser como Ágata, sabíamos que estar con ella era la forma más rápida de cambiarnos a nosotras mismas. Sin embargo, las estrellas nunca se alinean ni todos los semáforos se ponen en verde al mismo tiempo.

—Debemos ser conscientes de que todo cambio genera una crisis, ¿estáis dispuestas a afrontar la crisis del cambio? —preguntó Ágata.

Ágata nos confesó que a ella todo el proceso le había requerido elegir bien la casa donde iba a vivir. Le fue muy útil la ayuda externa para gestionar la crisis. Nos explicó que crecemos cuando aprendemos y disfrutamos de lo aprendido. Compartió con nosotras su experiencia de aprendizaje. Ayudándonos a crecer, Ágata cada día era más grande. Simplemente aplicaba el método que habían empleado con ella quienes compartieron lo adquirido en sus procesos de crisis del cambio.

Hay un denominador común entre quienes aprenden y enseñan en esas circunstancias. Todos son felices. La sabiduría es como el agua, fluye cuando se comparte y se pudre si se estanca.

Ese tiempo de meditación era esencial para nuestra nueva etapa. Ágata nos invitó a que usáramos el diario de reflexión. Compartimos juntas todos los puntos de nuestro itinerario. Fue así como nos pusimos de acuerdo en qué roles, funciones y responsabilidades asumiríamos cada una. Mientras íbamos exponiendo nuestros propósitos y desafíos, Ágata fue dibujando un mapa. Cuando nos lo mostró, se había convertido en todo un plan estratégico.

Comencé a sentirme agobiada porque no sabía muy bien si sería capaz de hacer todo esto que aparecía en el mapa y comenté:

—No sé cómo superar todo esto. Siento que necesito vivir de manera independiente, pero al mismo tiempo os necesito a todas vosotras. Tengo miedo de poner límites y que no os parezca bien.

—Estás aprendiendo y mejorando cada día —respondió Ágata.

Aquel reencuadre cognitivo que me hizo Ágata me ayudó a identificar mis patrones de comportamiento autodestructivos. A partir de ese momento decidí reformular de manera positiva mis pensamientos negativos.

Me sentía contagiada por el estrés de Jade, por el miedo al cambio de Coral y por mi espíritu de autocrítica excesiva. Ágata nos hizo examinar a cada una de nosotras los hábitos relacionados con todas estas cuestiones. Nos invitó a que hiciéramos un ejercicio de verbalización y nos expresáramos con total libertad. Comenzó a describir nuestros hábitos tóxicos con una precisión sorprendente. A Coral la hizo comprender que necesitaba aprender a priorizar correctamente las responsabilidades. A Jade, que todo aquello que le daba miedo no eran amenazas, sino maravillosos desafíos y retos que la vida le ponía por delante. Y a mí, que debía aprender a planificar correctamente mi tiempo. Pero lo que más me sorprendió fue su confesión:

—Si vamos a vivir juntas, necesito que os hagáis responsables de vosotras mismas. Estoy cansada de no poder ocuparme de mis propios sueños por ocuparme de las aspiraciones de los demás. Espero que no os ofendáis si alguna vez os digo que no.

Aquel tiempo que dedicamos a la observación para tomar conciencia de nuestros hábitos en bucle nos permitió ajustar nuestras emociones. Nos preparó de manera efectiva para enfrentar los cambios que nos presentaba el entorno y para gestionar las circunstancias estresantes que nos hacían sentir nuestra realidad como una amenaza. Sin duda, estábamos ante un precioso desafío.

Jade se levantó decidida y salió al jardín.

—Salgo a tomar aire. Voy a darme un momento para pensar en las posibles consecuencias de mis actos. Mis elecciones del pasado han afectado a mis metas y a mis valores a largo plazo. Necesito aprender a resistirme a la tentación de mantener un comportamiento impulsivo.

Ágata fue hacia ella y la abrazó.

—Tu elección reflexiva me demuestra que estás preparada para efectuar el cambio.

Nos reunió a todas en el jardín y nos dijo:

—Ha llegado el momento de enfocar de forma inteligente nuestros compromisos y metas. Os propongo que vayamos cada una a su habitación y nos escribamos una carta a nosotras mismas y registremos en ella nuestras metas, las razones para alcanzarlas y los beneficios que esperamos obtener. Mañana en el desayuno compartiremos nuestros escritos.

A la mañana siguiente, Ágata preparó un suculento desayuno. Decoró la mesa con flores de hibisco, puso una jarra de tisana de *masala chai* y un incensario de aroma Super Hit. Fue un desayuno de celebración gracias a la energía positiva y a la sensación de abundancia que envolvía aquel ambiente relajante. Me enfoqué en reconocer el esfuerzo de cada una de nosotras y me invadió la sensación de que estábamos ante un éxito desenfrenado. Encontré sentido a todo aquel esfuerzo. Aquello me producía mucha satisfacción.

Aquel desayuno nos hizo soñar a todas. Estábamos en modo «pensamiento creativo» y comenzamos a imaginar muchos escenarios de lo que iba a ser nuestra vida a partir de ese momento. Todos ellos me hicieron visualizar la forma idónea de pensar frente a circunstancias cambiantes. Mi mente se estaba abriendo a nuevas ideas, perspectivas y enfoques. Los distintos puntos de vista me permitían comprender que iba a haber un cambio de todo lo que todavía no estaba funcionando. Ágata nos propuso que trajéramos nuestro corazón roto para continuar restaurándolo juntas. Nos invitó a escribir una palabra que sintiéramos que lastimaba nuestra capacidad de autorregulación. Yo escribí «estrés». Pregunté qué habían escrito las demás y todas habían puesto lo mismo. En ese, momento rompimos a llorar y Ágata nos abrazó a las tres. Decidimos tachar nuestro «estrés» y dibujar en otra pieza una paloma como un símbolo poderoso de la paz que nos envolvía. De nuevo, el oro cobró un papel protagonista en aquella experiencia uniendo todas las piezas y restaurando todas nuestras partes rotas.

Capítulo 6
AUTOCONFIANZA: *HANDPAN*

Ágata tenía en el salón de su casa una curiosa pieza que no supe identificar bien. Era como el caparazón de una tortuga. Observó mi curiosidad, tomó aquel objeto entre las manos y me preguntó:

—¿Sabes qué es esto, Gema?

—No tengo ni idea, pero es muy curioso —contesté.

—Es un instrumento musical. Se trata de un *handpan*. Cierra los ojos y escucha.

Ágata comenzó a tocar aquel instrumento maravilloso. Su sonido infundía paz y su melodía era muy relajante.

—Es un instrumento oriental, ¿verdad? —pregunté.

—No, no lo es. Es originario de la ciudad de Berna —me explicó Ágata.

—¿Dónde aprendiste a tocarlo?

—Me enamoré de él en un viaje a Suiza y allí aprendí.

—¿Es muy difícil?

—Prueba tú.

En aquel momento comenzaron a pasar muchas cosas por mi mente. Tan pronto como tuve el *handpan* en la mano, se produjo una mezcla explosiva de sensaciones en mi interior. Aquel instrumento emitía un sonido duro pero melódico, en contraste con mis manos frías que acariciaban mi corazón cálido, creando una sinfonía de emociones. Por una parte, sentía mucha curiosidad por tocarlo, pero por otra, me bloqueaba la idea de no hacerlo bien y no estar a la altura de las expectativas que Ágata tenía de mí. Ella notó mi tensión en el rostro y me dijo:

—¡Relájate! Si crees que puedes realizar lo que te propones y confiar en tus habilidades personales, entonces te motivarás, te ilusionarás y tu esfuerzo tendrá éxito. Para hacer sonar este instrumento debes enfocarte en sus puntos fuertes. Cuando ames el sonido que puede salir de él, tanto interna como externamente, identificarás sus imperfecciones y las transformarás en tonos armónicos, dulces y suaves.

Mientras hacía sonar el *handpan,* pensé que todo nos resulta posible cuando creemos que podemos. A medida que lograba hacer música, mi apuro se transformaba en amor propio y mi vergüenza se desvanecía. El camino para superarla es dejarnos envolver por los desafíos y olvidarnos de nuestros miedos. La timidez es una condición ajena al corazón que nos arrastra hasta desembocarnos en la autolimitación. En la esencia de nuestro sistema de creencias están nuestras habilidades propias, nuestras competencias y nuestra valía personal. La autoestima está estrechamente relacionada con la capacidad de autoaceptación, donde el principio del amor a nosotros mismos, a los demás y a todo lo que hacemos juega un papel determinante. Aquel sonido era una sinfonía para mi alma, al igual que la gimnasia lo es para el cuerpo.

Cuando el alma es capaz de hablar consigo misma y validar su sistema de creencias, la mente nos proyecta hacia el éxito a través de la motivación. El parlamento neuronal es el que fija el nivel de felicidad que aplicamos en todo lo que nos sucede a través de nuestros logros. Y aquí se establece un círculo de retroalimentación que impacta directamente sobre nuestra autoconfianza: las experiencias pasadas determinan nuestra capacidad de felicidad y esta, a su vez, está condicionada por nuestra mentalidad.

Pero también existen factores externos. Entre ellos está el apoyo social, el *feedback* y el reconocimiento que recibimos de los demás, la cultura y el entorno social; incluso nuestros modelos a seguir. Las oportunidades de éxito muchas veces vienen disfrazadas de amenazas y nuestros estigmas y prejuicios nos limitan el acceso a ellas. El miedo al fracaso es tan irracional como el disfraz de las oportunidades. El éxito es, en realidad, la suma de las lecciones aprendidas cada vez que fracasamos.

Ágata le ofreció a Coral tocar el *handpan*. Se puso detrás de ella y tomó sus manos. En un extraordinario ejercicio de coordinación y respiración si-multánea, comenzaron a mover las manos y los cuerpos como si de una danza se tratase. Aquella fusión inspiraba una confianza en la pequeña que se dejaba sentir a simple vista. Al acariciar suave-mente las notas del *handpan*, Ágata y Coral se su-mergieron en un universo de sonidos que bailaban en el aire como susurros de la naturaleza. Cada golpe sobre el metal resonaba con la delicadeza de una caricia, desplegando un paisaje sonoro que nos transportaba a lugares desconocidos y emo-ciones olvidadas. Con cada pulsación, el *handpan* se convertía en un espejo de nuestras emociones, tejiendo un relato sin palabras que conectaba nuestra alma con la esencia misma de aquella mú-sica. En ese instante mágico, el tiempo se detuvo y nuestro corazón se abrió al infinito en una fusión íntima entre nosotras y aquel instrumento.

Resultaba interesante que un objeto de metal provocara sonidos tan dulces y armoniosos. La vida es un viaje de experiencias y Ágata tenía la facultad de estar presente en cada una de ellas. Me fijé en sus ojos y brillaban por lágrimas naci-das del corazón. Me sentí intrigada y le pregunté:

—¿Dónde está tu corazón en este momento?

—Me gustaría hacer un viaje con vosotras a Chamonix —me dijo.

—¡¿A Chamonix?! —exclamé.

—Fluye con lo que pueda suceder y deja que tu mente sea libre —me contestó.

Ágata tenía la virtud de sorprendernos siempre con actividades que nos permitían encontrarnos con la mejor versión de nosotras mismas y nos adentraban en nuevos proyectos constantemente. Decidimos aceptar su propuesta. Nos pusimos en marcha para preparar el viaje. Definimos de forma clara y específica cuáles eran las metas que queríamos lograr en aquella aventura. Estructuramos el itinerario y consultamos los lugares en los que queríamos detenernos y cuánto duraría cada parada.

Ágata nos pidió que la acompañáramos al garaje, encendió la luz y tiró con energía de la funda que protegía su vieja cámper. El ambiente se llenó de polvo; había estado mucho tiempo parada. Me quedé fascinada al ver lo cuidada que estaba aquella reliquia. No pude evitar visualizar todo el viaje y comencé a motivarme. Mientras observaba aquella nube de polvo compartió con nosotras su sentimiento de nostalgia. Recordó que había pasado mucho tiempo desde su última salida. Demasiadas distracciones en los últimos años la habían privado de viajar.

—¿Cuándo fue el último viaje que hiciste, Ágata? —preguntó Jade.

Ella sonrió.

—¿Recuerdas el túnel de Vielha? Yo estaba saliendo de él a mi regreso de Chamonix. En aquel viaje compré el *handpan*. Al cruzar el túnel me quedé cautivada por la escena en la que tú acunabas el rostro de Jade. Me hubiera gustado detenerme, pero preferí dejaros a solas.

Comencé a hacerle preguntas sobre su forma de actuar y lo que la motivó a hacerlo. La vida le había enseñado a apreciar la luz y el brillo que hay en las pequeñas cosas después de haber atravesado aquel largo túnel tiempo atrás. En los túneles más profundos encontramos nuestra fuerza interior. Siempre que entramos en un túnel, incluso en los momentos más oscuros, hay una señal que indica la salida. Solo necesitamos confiar en nuestra intuición.

A medida que me contestaba trataba de compararme con ella, con sus estándares de excelencia. Sus metas eran realistas, pero sus respuestas me indicaban que quería seguir mejorando. Tenía claras las áreas en las que había progresado y en las que necesitaba seguir haciéndolo.

Al observar los comportamientos efectivos de Ágata aumentaba mi admiración por ella y me hacía sentir mucha confianza. Su conducta, su forma de hablar y cómo se movía inspiraron en mí el deseo de aprender de ellos y adoptar sus actitudes. Imaginaba situaciones similares a las suyas en las que podría sentirme segura y confiada. Al activar mis neuronas espejo iba reforzando mi autoimagen positiva y mi autoconfianza.

Por momentos tenía pensamientos contradictorios y comencé a repetirme afirmaciones positivas sobre mí misma y mis habilidades. Eso me ayudó de manera gradual a identificar y enfrentar mis miedos al viaje. Empecé a dar pequeños pasos fuera de mi zona de confort para fortalecer mi confianza y mi capacidad de afrontar y superar el desafío de aquel viaje.

Había llegado el momento de superar mis temores a viajar. Al revisar el itinerario observé que tendríamos que pasar por los túneles del Mont Blanc. Con los años he aprendido que cada decisión ayuda a disminuir nuestros miedos, simplemente hay que saber lo que hay que hacer para que desaparezcan. No se pueden tomar decisiones basadas en el miedo. Había llegado el momento de conquistarlo, porque nada en la vida merece ser temido, solamente comprendido. Cuanto más comprendemos una situación, menos tememos enfrentarla. Estaba segura de que aquellas situaciones y desafíos me ayudarían a confiar en mis propias habilidades y capacidades. Me ayudarían a fortalecer mi confianza en mí misma. Aquel miedo, como muchos otros, no era real, era una falsa creencia.

Pasamos todo aquel día limpiando y poniendo a punto la cámper. Fuimos colocando nuestra ropa y llenando la despensa mientras escuchábamos una suave música de fondo. Estábamos todas concentradas, sintiendo que estábamos haciendo algo productivo. Coral disfrutaba de aquel maravilloso «momento presente» probando cada uno de los espacios de la cámper. Estaba todo listo para aquella experiencia. Ágata la llenó de libros para el viaje. Cogió de la nevera un delicioso *lassi* de mango y nos invitó a sacar nuestros corazones rotos.

—Escribid una palabra que represente lo que queráis dejar atrás y no traeros en este viaje.

Todas estuvimos de acuerdo en escribir «inseguridad». Pero aquella palabra había que sustituirla por otra. Todas confiábamos plenamente en Ágata por lo que en otra pieza escribimos «confianza». Aquellas dos piezas quedaron sólidamente unidas por el oro líquido. Al unirlas al resto del corazón, mis manos quedaron doradas y brillantes. Me quedé contemplándolas. Mientras lo hacía, Coral se acercó a mi agitando las suyas con una amplia sonrisa y exclamó:

—¡Mira mis manos cómo brillan!

Ese instante nos conectó con el momento de la playa en el que Coral se acercó a nosotras agitando las manos llenas de arena y pidiéndonos con insistencia que se las laváramos. Pero la niña ya disfrutaba del brillo que había en sus manos. Algo en su interior había cambiado. Algo en todas nosotras estaba cambiando.

Capítulo 7
AUTOCUIDADO: EL VIAJE

Había llegado el día de nuestro viaje a Chamonix. Aquella mañana sonó el despertador y salí a dar mi paseo matinal antes de emprender el camino. Me sentía muy emocionada. El amanecer estaba siendo muy bello y no podía perdérmelo. Cada mañana la vida nos regala un premio de tiempo, una cuenta mágica. Ochenta y seis mil cuatrocientos segundos que no se pueden transferir a otras cuentas, que solo podemos gastar nosotros y en ese único día. Estábamos a punto de iniciar nuestra escapada y cualquier infortunio podría privarnos de aquella cuenta personal. Nadie sabe si mañana volveremos a ingresar algún segundo más en nuestra vida. Todo puede terminar en un solo instante.

No es una buena idea perder nada de nuestro tiempo. Mirando hacia atrás podemos sentirnos tentados a pensar que cualquier tiempo pasado fue mejor, pero este es nuestro momento. Es el alma, es la unidad de medida de nuestra existencia. Permitirnos malgastar un minuto demuestra que no hemos descubierto aún el valor de la vida y, si dejamos que pase el tiempo sin hacer nada, pronto nos daremos cuenta de que solo tenemos una.

En la base del autocuidado está el tiempo. Cada segundo de nuestra vida es altamente valioso y no puede quedar subordinado a lo que consideramos urgente o importante. En nuestra realidad del día a día pasan delante de nosotros miles de instantes, cada uno de los cuales puede ser decisivo en el desarrollo de nuestro cuidado personal. El autocuidado es vital. Engloba prácticas y hábitos destinados a promover la salud y el bienestar integral. Implica una atención consciente hacia nosotros y abarca aspectos: físicos, emocionales, mentales y sociales. Desacelerar el ritmo frenético que nos roba la consciencia del tiempo es un acto de rebeldía en favor de nuestro autocuidado. Es una elección consciente de toma de conciencia para priorizar presencia sobre productividad. El desarrollo armónico de todas estas facultades es la base de nuestro bienestar personal.

La vida es lo más precioso que tenemos. Pasa inexorablemente, sin pedir permiso. Y aunque nos gustaría hacer eternos sus momentos maravillosos, no se detiene. El tiempo que no invertimos lo perdemos, no sirve querer guardarlo. El día de ayer no existirá mañana, desaparece para siempre. Aunque miremos hacia atrás, no podemos recuperar ni siquiera uno de esos segundos para usarlos hoy. Las agujas del reloj de nuestra vida apuntan unas hacia atrás con nuestros recuerdos y otras hacia delante con nuestros sueños, pero el valor del tiempo está en el aquí y ahora; elegir su calidad y organizarlo como conviene le dará a cada segundo el valor del oro.

Cada mañana, nuestra cuenta de tiempo se vuelve a llenar exactamente con la misma cantidad de segundos. Pero en cualquier momento, sin previo aviso, se termina todo. Nuestro tiempo vale mucho más que ninguna suma de dinero. No inviertas solo en ti, permite que cuando este regalo se acabe hayas dejado buenas inversiones en el corazón de los que tuvieron la oportunidad de compartir contigo el tesoro del tiempo. Cada día amanecemos para recibir el regalo de ochenta y seis mil cuatrocientos segundos que debemos emplear. Yo estaba invirtiendo en aquel amanecer.

Después del desayuno iniciamos nuestro viaje. Un viaje lleno de naturaleza, emociones, relaciones positivas y descanso. Uno que nutriría nuestra alma y le daría significado. Que me ayudaría a organizar eficientemente mi vida profesional y a disfrutar de actividades placenteras sin comprometer mi estabilidad financiera.

La primera etapa la completamos al llegar al *camping* Capfun - Côte Vermeille, cerca del parque natural de la Narbonnaise. Nos tomamos unos días para desconectar del estrés que habíamos arrastrado durante tanto tiempo atrás y conectar con nuestro yo interior. Hicimos ejercicio físico disfrutando de las diferentes actividades dirigidas por varios doctores. El doctor Aire, que sanó nuestros pulmones. El doctor Descanso, que reparó nuestras células. El doctor Ejercicio Físico, que tonificó nuestro corazón. La doctora Luz, que con sus diferentes recursos acarició nuestra piel ayudándonos a conseguir vitamina D y regeneró nuestro sistema inmunológico. El doctor Agua, que nos ayudó a eliminar las toxinas de nuestro cuerpo. La doctora Nutrición Saludable, que nos aportó energía positiva. El doctor Tiempo, que nos enseñó a compartir la décima parte de cada uno de nuestros días con la meditación en profundidad para encontrar la verdad. La doctora Espiritualidad, que nos acompañó a darle un nuevo sentido a nuestra vida. Le dimos prioridad a nuestro sueño y a descansar todo lo que necesitábamos. Fuimos conscientes de la importancia de la salud, porque un cuerpo sano es una habitación de invitados para el alma. Cuando el organismo está enfermo es una cárcel. La salud es un estado de completa armonía del cuerpo, la mente y el espíritu. Los autocuidados físicos son las puertas para que el alma se abra y se libere de enfermedades y así lograr una apariencia saludable. La mayor riqueza es la salud. Durante nuestra estancia estuvimos asistidas por todos estos doctores.

Después de varios días reanudamos nuestro viaje. El final del itinerario sería Chamonix, pero antes tendríamos que atravesar los túneles de Mont Blanc. Aquella parada nos había preparado para enfrentarlos. Eran una arteria fundamental para arreglar nuestro corazón. Había llegado el momento de excavarlos para hacer transitables todas nuestras emociones. Metro a metro, nos fuimos adentrando en el corazón de la montaña hasta que, finalmente, la naturaleza nos regaló un paisaje muy especial.

Llegamos al corazón de los Alpes, a un pueblo estratégicamente situado en la frontera de tres países: Francia, Italia y Suiza. En ese momento, Coral, Jade y Ágata se fundieron en mí dándole vida a mi mejor versión. Hoy soy Gema con la esencia de mis tres joyas trabajadas día a día, paso a paso, reto a reto. Chamonix es el clímax de una adecuada gestión de mis emociones. Es el resultado de haber dedicado tiempo para el placer de restaurarme. Es la consecuencia de haber puesto en práctica la conciencia plena. Todos somos un niño interior, un adolescente del pasado y un anciano experto visualizado en nuestro futuro que, al gestionarlos adecuadamente, hacen de nosotros una gema preciosa; una joya única.

Al acomodarnos en la cabaña al calor de la chimenea, comencé a ojear todos aquellos libros que me proyectaban hacia mis objetivos del futuro. Fui comprendiendo el vínculo que existía en la evolución de mi yo interior a lo largo de todo el viaje de mi vida. Cada una de las etapas había preparado la siguiente, y ya se habían fusionado sanando por completo mi alma. En ese momento tomé conciencia de mi verdadero yo y completé la restauración total del corazón con la palabra «plenitud». En la última pieza dibujé un corazón lleno de color con un fondo blanco y escribí: «No te dejes para después».

Había llegado el momento de cultivar relaciones positivas, de establecer correctamente mis límites y expresar mis necesidades y sentimientos de manera clara y respetuosa. Desde aquel día me tomo siempre los descansos que necesito. Desconecto de todo lo que me rodea, cada vez que es necesario, para conectar conmigo misma. Participo en actividades que desafían y estimulan mi mente y mantengo siempre la curiosidad buscando en todo y en todos las mejores oportunidades de aprendizaje, pues nutren mi alma y le dan significado. Procuro dejar a un lado lo que lastima mi esencia y tomarme tiempo para reflexionar y practicar la gratitud conmigo misma y con los demás.

Había conectado con la naturaleza, disfrutado del aire libre y de la tranquilidad. Por lo que era el momento de regresar a casa y definir mis metas profesionales de forma realista y alcanzable. A partir de entonces me resultaría más fácil organizar eficientemente mis tareas sin llegar al agotamiento, establecer límites entre el trabajo y la vida personal. Viajé sin detenerme y pasé por los túneles de Mont Blanc. Fue una experiencia maravillosa y gratificante poder observar que ya no me producía ningún temor adentrarme en cualquier clase de pasadizo. Hice noche en Esterri d'Àneu, un pequeño pueblo del Pirineo muy cerca del túnel de Vielha. Al día siguiente continué plácidamente. Atravesé el túnel rumbo a casa y a la salida me quedé observándolo sin detenerme. Allí se reflejó como un destello la imagen de Jade y Coral.

Finalmente, llegué a casa y abracé a Dani. Él también había hecho su propio viaje. Juntos estrechamos también a nuestro hijo. Un nuevo viaje en familia comenzaba. El sentido de pertenencia era fundamental para nuestra salud mental y nuestro bienestar. El apoyo, el diálogo y el equilibrio en comunidad nos ayudarían en todas las actividades a tomar conciencia de la necesidad de conectar nuestras emociones para hacer de los tres algo más que uno mismo.

Una vez terminado nuestro viaje personal, esta conexión nos fundiría en una identidad mucho más completa, que superaría incluso a la autoestima y la satisfacción personal. Nos expandiría en un sentido más amplio con la implicación de sentirnos aceptados, valorados y conectados con características, intereses, objetivos y valores similares.

En aquel encuentro con Dani, noté cómo se instaló en nosotros un sentido de pertenencia responsable y maduro muy especial el uno hacia el otro y los tres en comunidad. Nos propusimos gestionar nuestras finanzas de forma significativa teniendo en cuenta no solo nuestras necesidades básicas, sino su repercusión en la estabilidad emocional y en la calidad de vida en general.

La planificación financiera de nuestras metas a largo plazo y la capacidad de hacer frente a imprevistos produciría en nosotros una sensación de control y de satisfacción en nuestra familiar vida diaria. Sencillamente, habíamos decidido cultivar una relación positiva teniendo en cuenta el nuevo itinerario de viaje que nos haría pasar de la realidad consciente a la toma de conciencia a través de los cinco autosentidos, pues estos garantizarían el equilibrio emocional de cada uno de nosotros.

Sin embargo, nadie mejor que yo me podía ayudar a tomar conciencia, a aceptarme, a regularme y a confiar en mí. Soy consciente de que todavía estoy en construcción y de que en algún momento Coral o Jade volverán a reclamar mi atención y tendré que dispensarles el tiempo necesario para volver a encontrarme conmigo misma. Pero estoy segura de que al tomar conciencia de quién quiero ser en el futuro, Ágata será de gran ayuda en mi proceso transformador. El estado de nuestro corazón es el estado de nuestra vida. Si decidimos cambiarla, debemos restaurar nuestro corazón primero. La vida es ese viaje de corazón con-ciencia donde elegimos ser desde la esencia, estar desde la consciencia y vivir tomando conciencia.

.

Agradecimientos

En primer lugar, quiero darme las gracias por haber visto siempre luz donde había sombras. Por cada paso avanzado, por cada lección aprendida.

Si me lancé a escribir este libro fue por el apoyo incondicional de José Manuel Martínez, al que le conté el proyecto en un evento y no dudó ni un segundo en acompañarme en este viaje terapéutico. Gracias, José, de todo corazón por la entrega y dedicación.

A todas y cada una de las personas que me han ayudado a convertirme en la persona que soy, especialmente a los que están a mi lado (o lo han estado en algún momento).

A todos los que me inspiran, me guían y me quieren. Soy muy afortunada de teneros cerquita.

Gracias a ti, que me estás leyendo, por creer que una mejor versión de ti mismo es posible. Gracias por el apoyo.

GRACIAS POR TANTO. GRACIAS POR TODO.

Índice